PROCRASTINAR
É UMA DELÍCIA

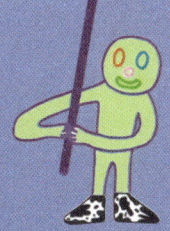

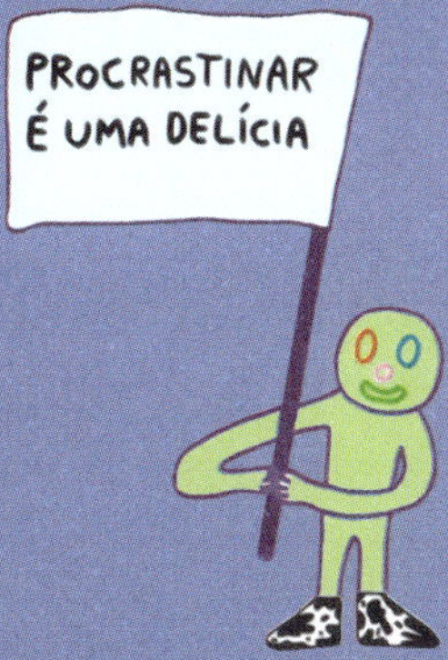

Pedro Vinicio

TIRANDO TUDO
TÁ TUDO BEM

Cobogó

"NÃO VOU PENSAR MUITO NISSO NÃO"

4 MINUTOS DEPOIS:

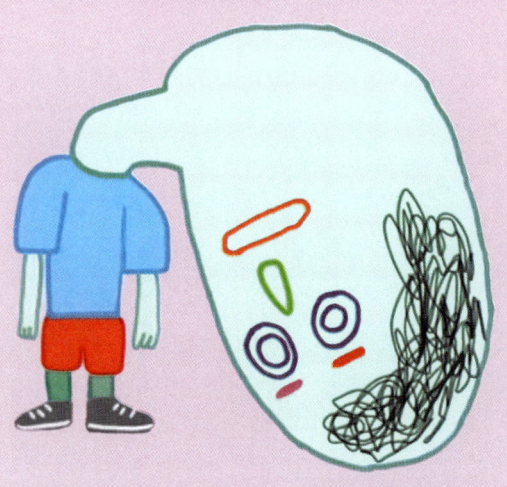

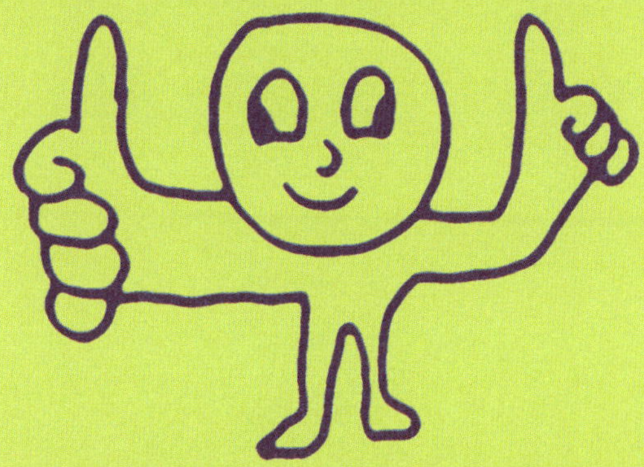

SE NÃO FOR PRA

ME ARREPENDER

EU NEM FAÇO [redacted]

VOCÊ É DRAMÁTICO?

( ) SIM
( ) NÃO
(X) DO QUE ADIANTA RESPONDER? NINGUÉN SE IMPORTA COMIGO MESMO

COMO PARAR
DE ME METER
EM SITUAÇÕES
QUE NÃO TENHO
PSICOLÓGICO
PARA LIDAR

VOCÊ É UMA PESSOA DESCONFIADA?

○ SIM
○ NÃO
● POR QUE QUER SABER?

SE EU COLOCAR UMA PARANOIA NA MINHA CABEÇA, É MAIS FÁCIL EU TIRAR A CABEÇA DO QUE A PARANOIA

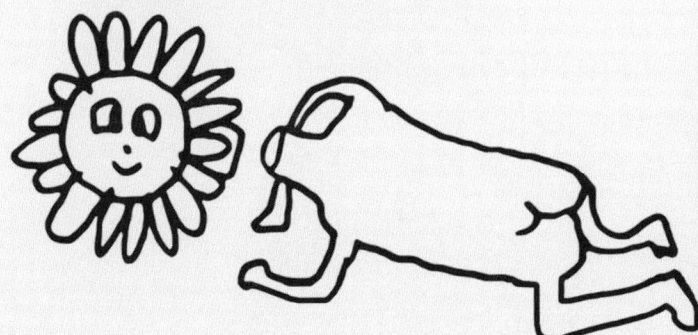

TEM 2 TIPOS DE
ESCOLHA, A CERTA
E AS QUE EU FAÇO

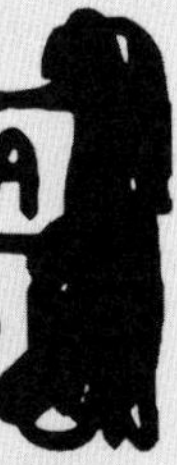

ACORDEI MAS NÃO RECOMENDO

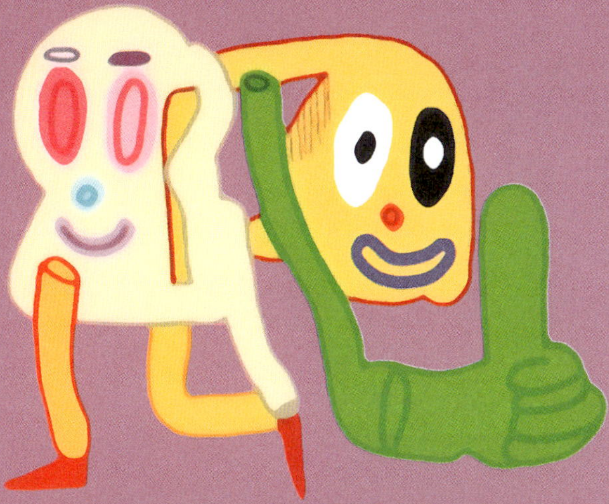

ACORDO [redacted]

CEDO PRA ME

ATRASAR COM

CALMA [redacted]

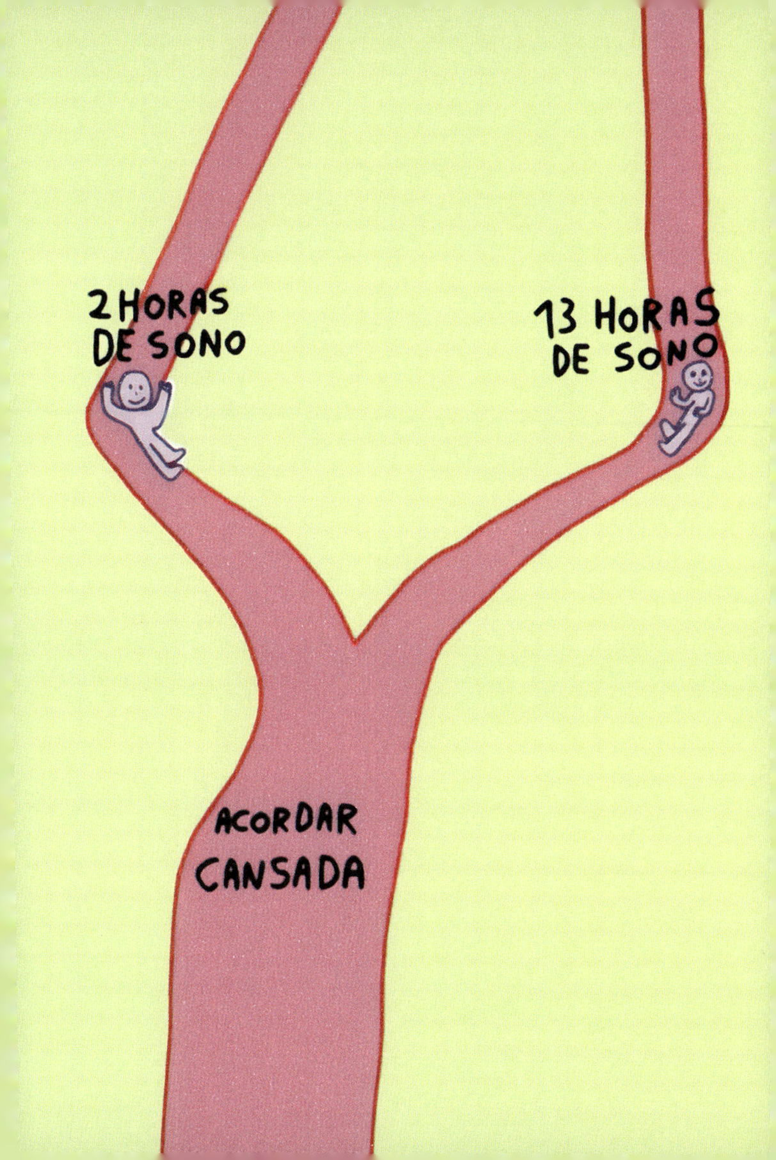
2 HORAS DE SONO
13 HORAS DE SONO
ACORDAR CANSADA

"NÃO VAI DAR PRA IR, TENHO COMPROMISSO"

O COMPROMISSO:

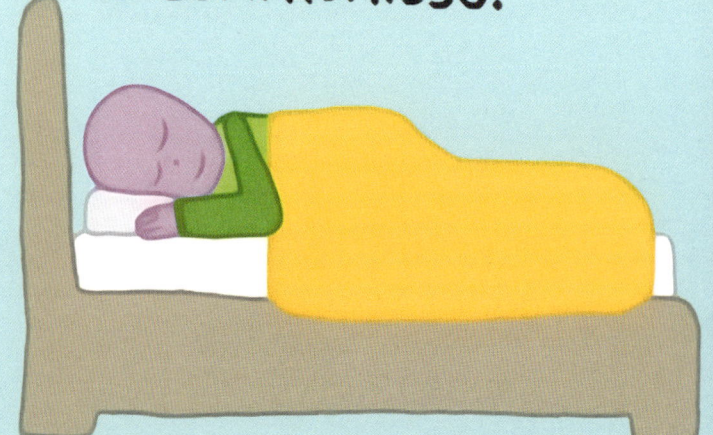

SE A VIDA [redacted]
TE DERRUBAR [redacted]
APROVEITE E DURMA [redacted]

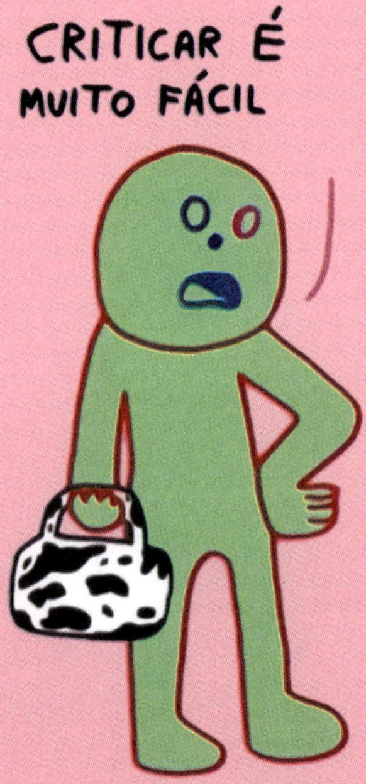
CRITICAR É
MUITO FÁCIL

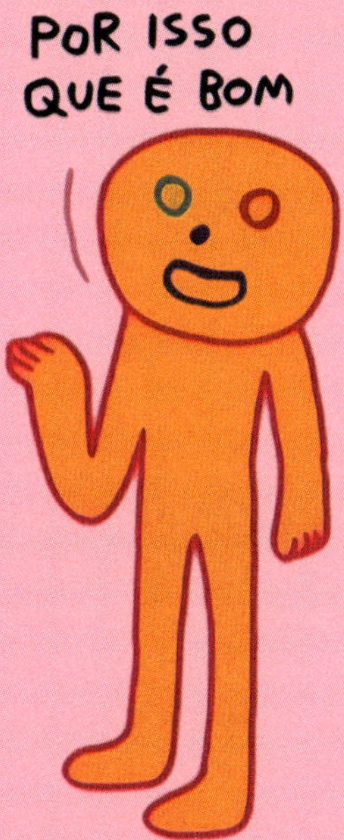
POR ISSO
QUE É BOM

VOU OPINAR [redacted] MENTALMENTE PRA EVITAR ESTRESSE

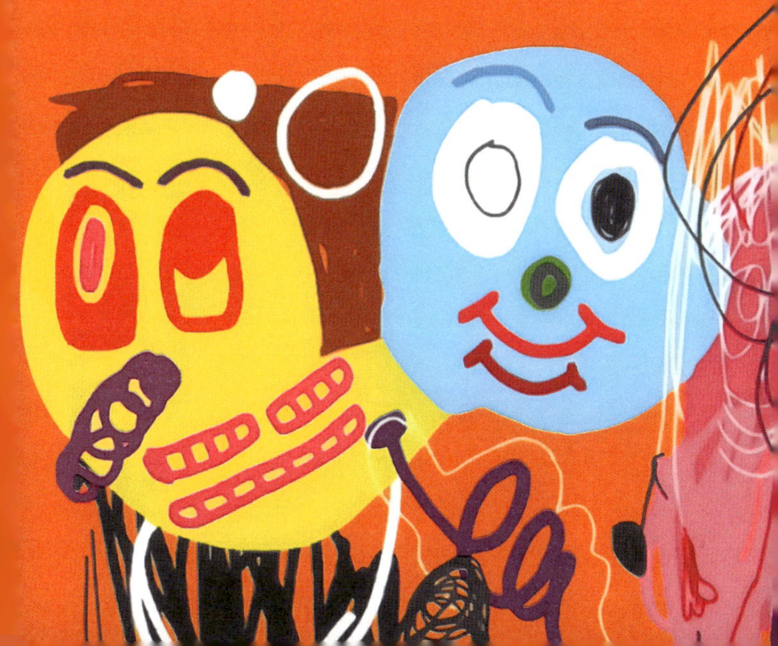

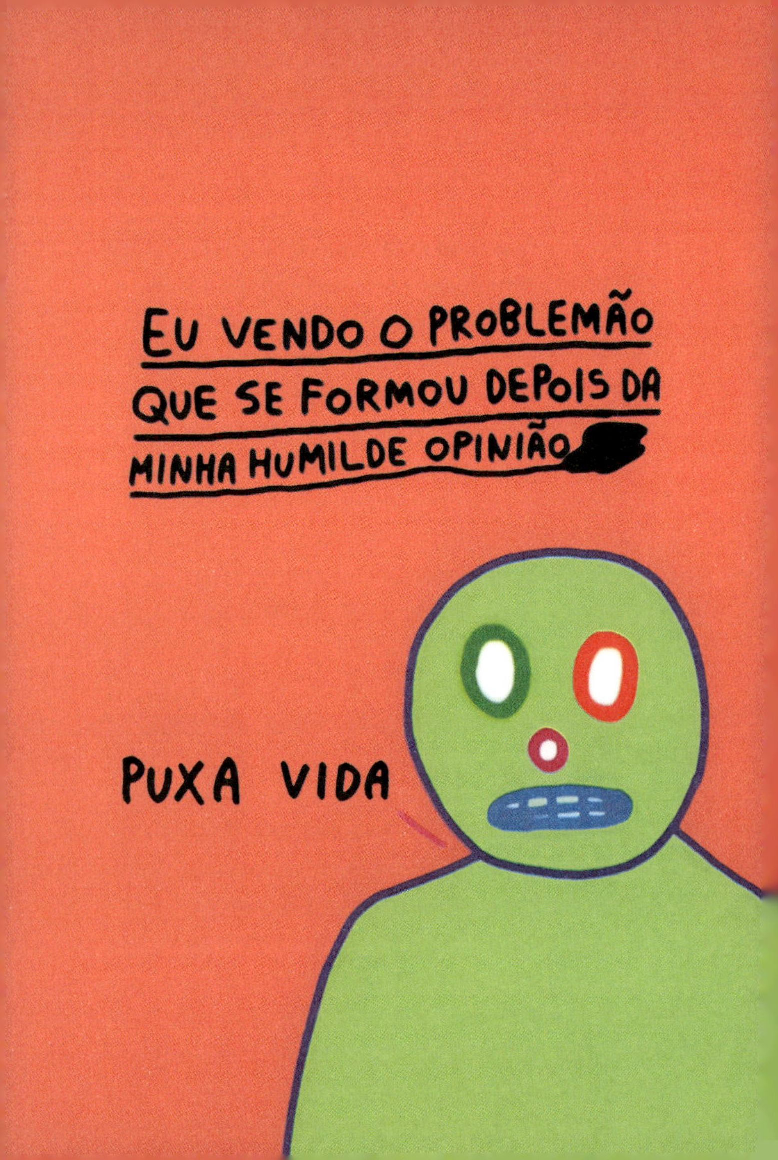
EU VENDO O PROBLEMÃO
QUE SE FORMOU DEPOIS DA
MINHA HUMILDE OPINIÃO
PUXA VIDA

EU, TENTANDO RESOLVER MEUS PROBLEMAS
EU:
PROBLEMAS:

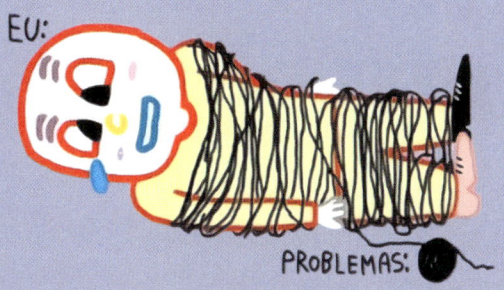

NÃO É PORQUE EU [redacted]
ESTOU SEM FAZER NADA
QUE NÃO TENHO NADA
PRA [redacted] FAZER

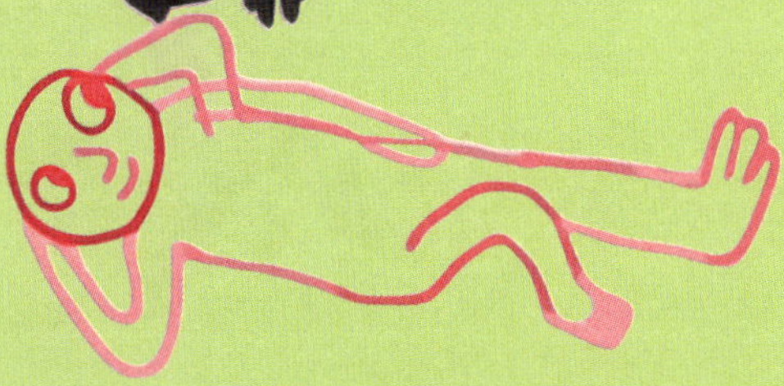

"QUANDO EU CHEGAR EM CASA EU FAÇO TUDO QUE TENHO PRA FAZER"

CHEGUEI EM CASA:

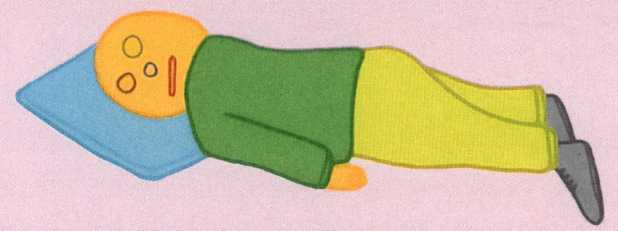

TUDO PODE
ACONTECER
INCLUSIVE NADA

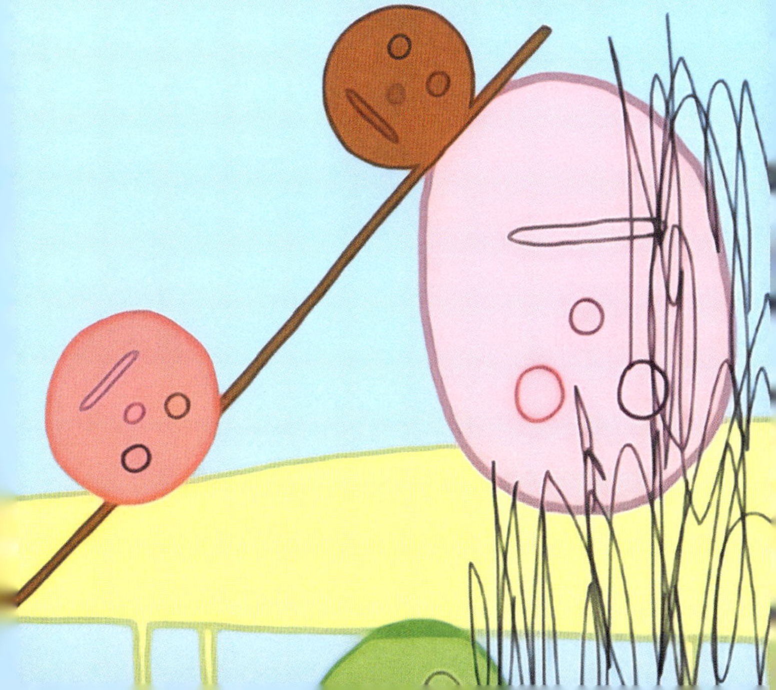

NÃO DEIXE PRA AMANHÃ O QUE VOCÊ PODE DEIXAR ~~pra~~ PRA LÁ.

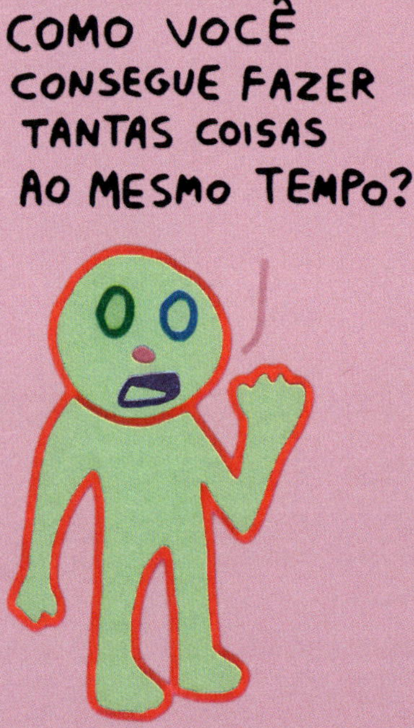
COMO VOCÊ CONSEGUE FAZER TANTAS COISAS AO MESMO TEMPO?

FAÇO TUDO
PELA METADE

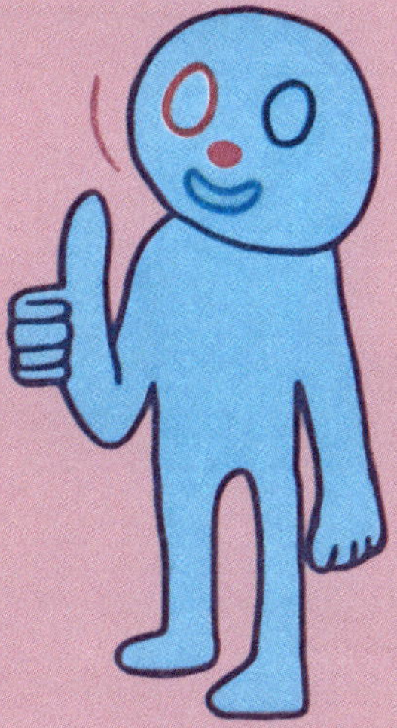

É RARO MAS ACONTECE MUITO

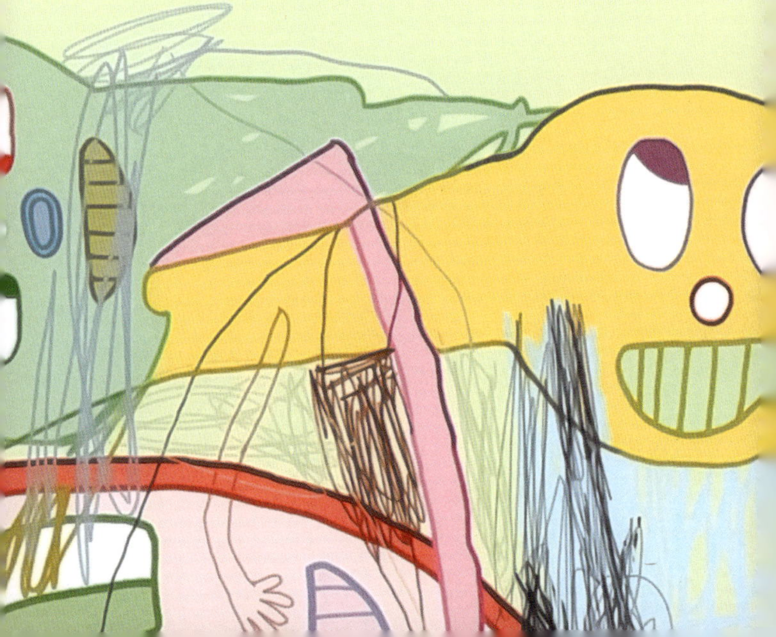

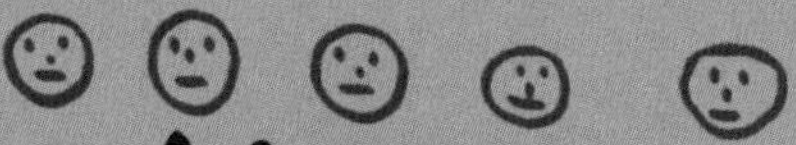

VOCÊ ANDA MAIS:

( ) DE CARRO

( ) DE ÔNIBUS

( ) A PÉ

(X) DE CARA FECHADA

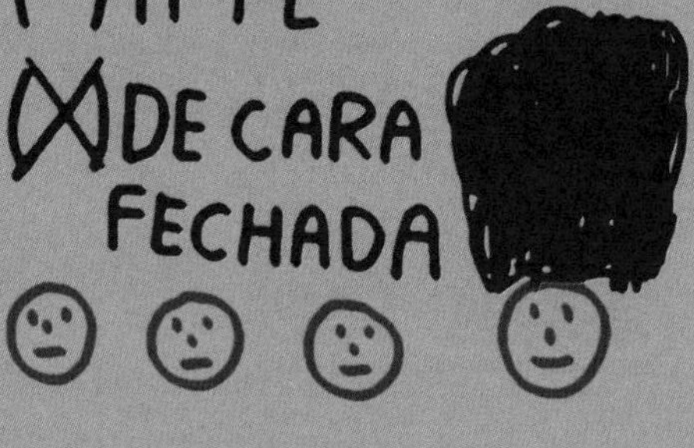

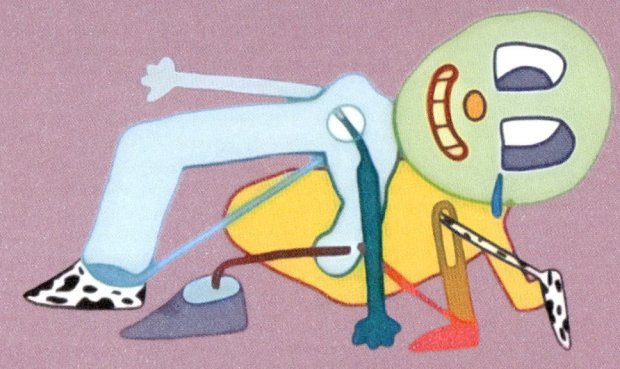

Sofro de ansiedade pré-nada. Não vai acontecer nada mas eu já tô ansioso.

PRECISO FAZER
UMA CIRURGIA DE
REDUÇÃO DE [redacted]
EXPECTATIVA [redacted]

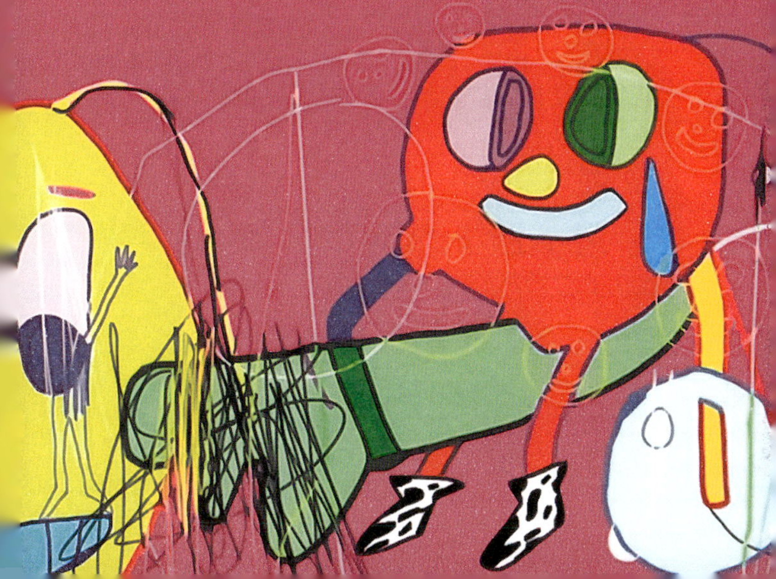

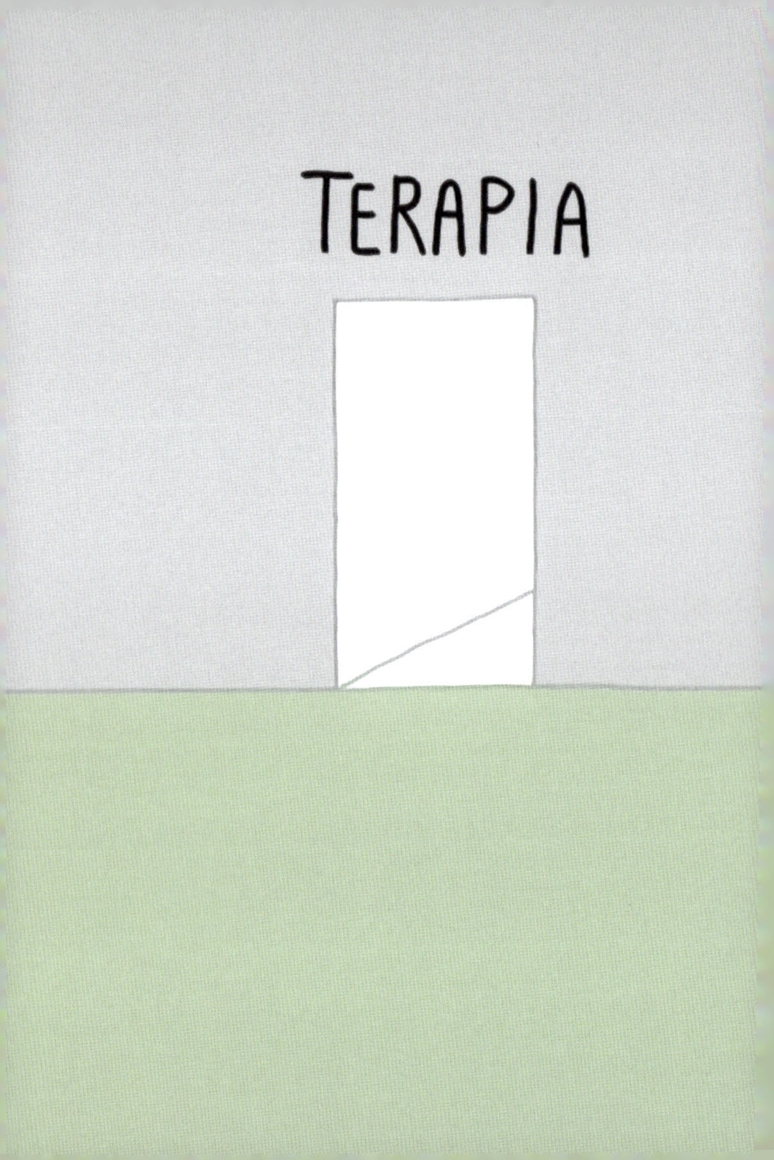
TERAPIA

MUDAR O CABELO

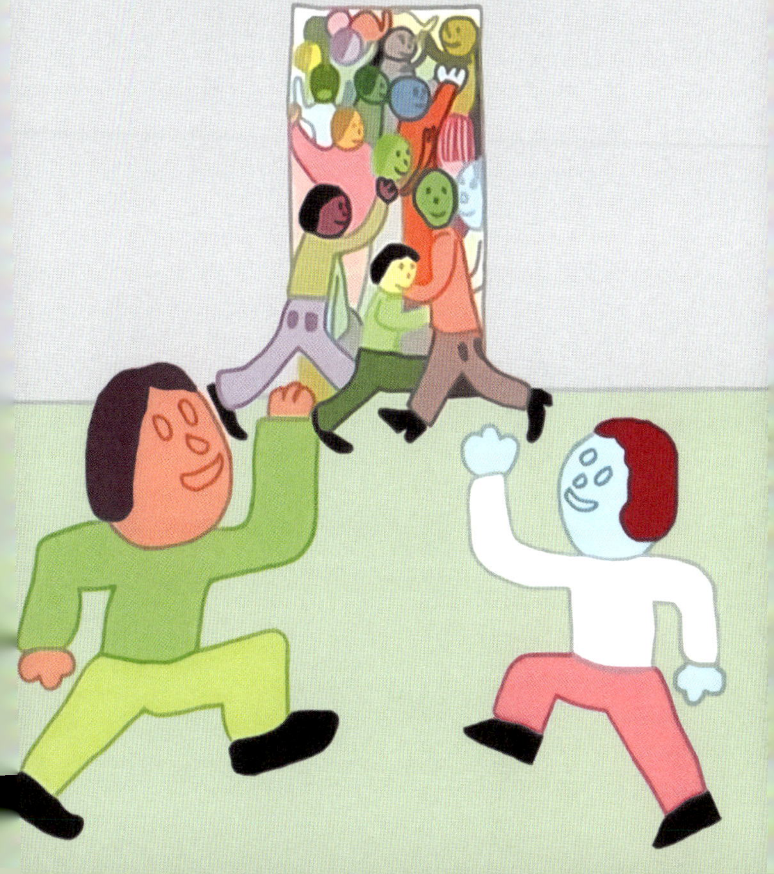

OBJETIVO: SER UMA PESSOA CALMA, TRANQUILA E SEM ESTRESSE

OBSTÁCULO: EU

OBJETIVO: AMAR O PRÓXIMO ~~AMIGO~~

OBSTÁCULO: O PRÓXIMO

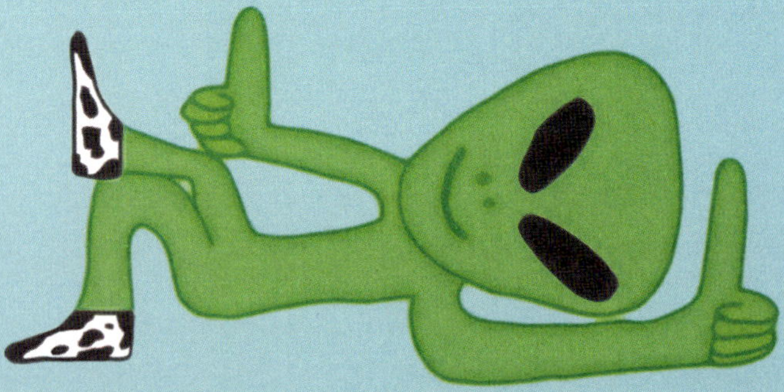

Por mim hoje eu não teria contato com nenhum humano porém a vida não permite tamanho luxo

NO FIM DO TÚNEL
DEVE TER UMA CONTA
DE LUZ PRA EU PAGAR

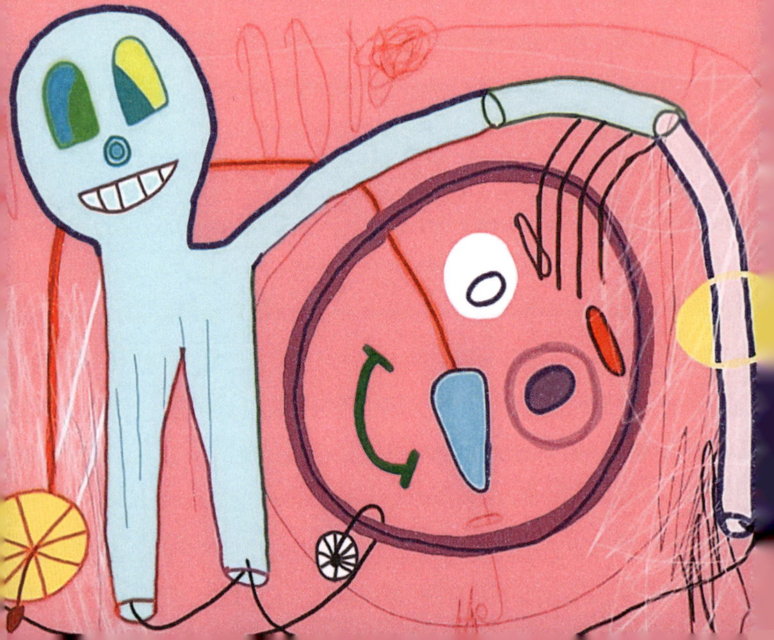

EU ME COBRO TANTO
QUE ÀS VEZES ACHO
QUE SOU UMA ~~MERDA~~
AGIOTA ~~~~

PACIÊNCIA É MEU SEGUNDO NOME...
~~~~~~~~~~~~~~~~~~~~
O PRIMEIRO É SEM

O SEGREDO DESSA VIDA
É BELEZA E PACIÊNCIA
SE DER CERTO: BELEZA
SE DER ERRADO: PACIÊNCIA

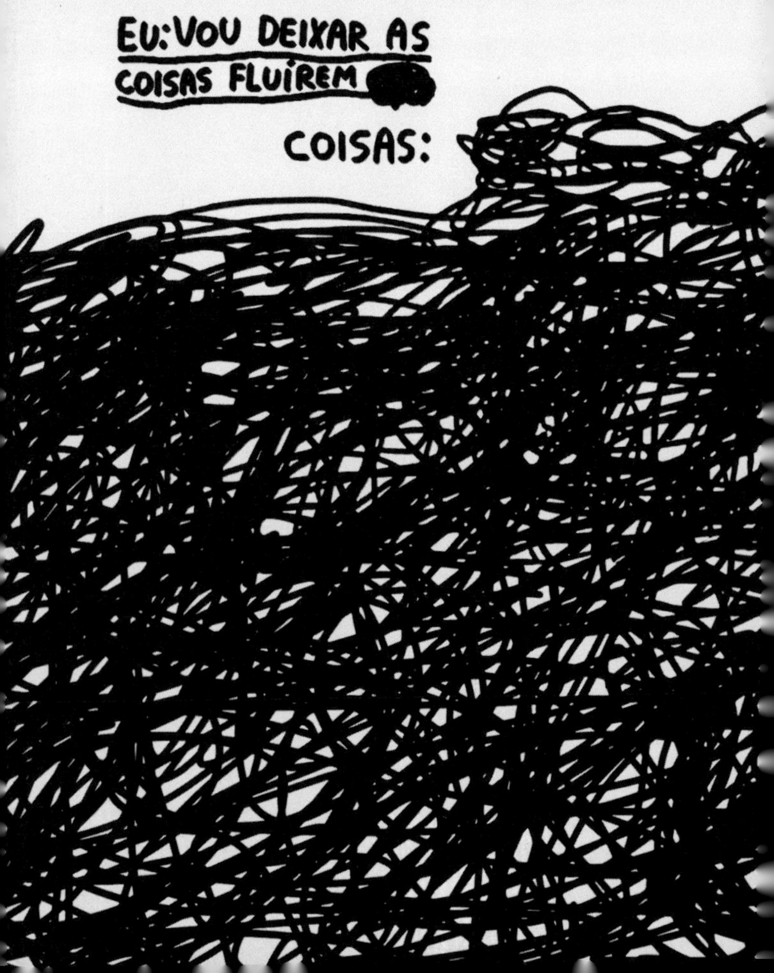
EU: VOU DEIXAR AS COISAS FLUIREM
COISAS:

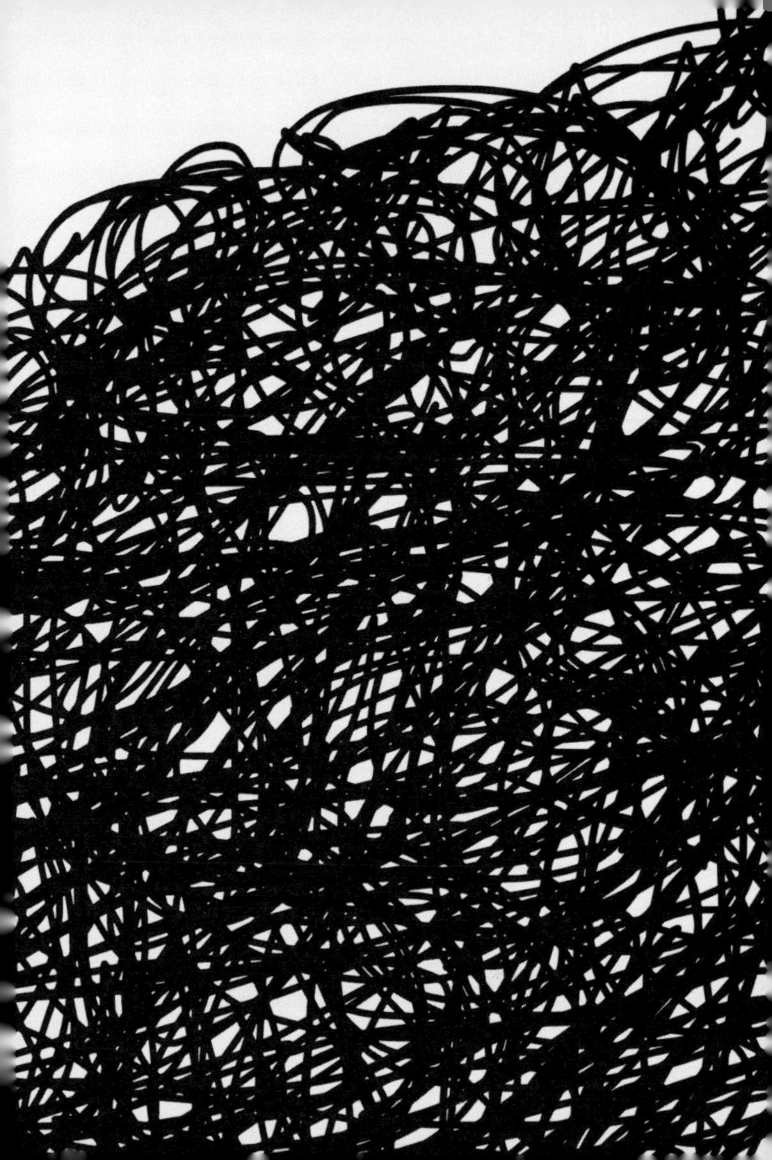

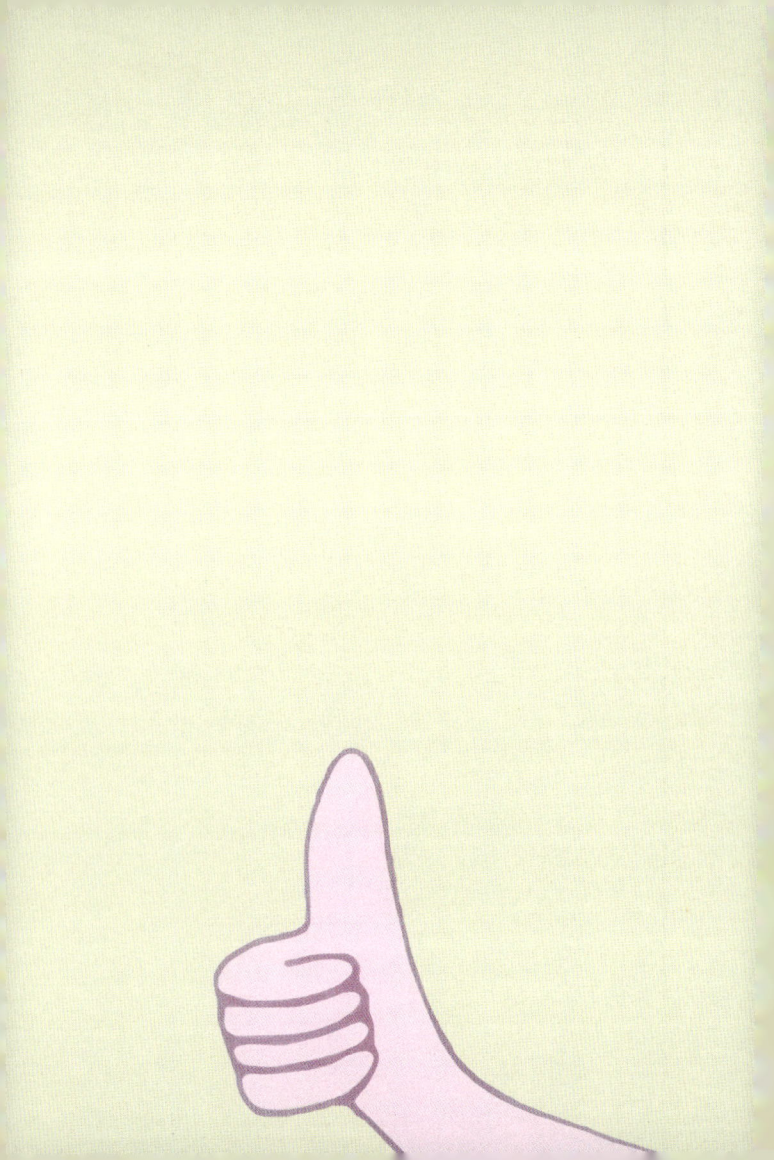

TENHO VONTADE
DE FAZER [redacted]
CAMINHADA [redacted] MAS
QUANDO LEMBRO
QUE É A PÉ [redacted]
EU DESISTO [redacted]

EU MENSAGENS
PARA RESPONDER

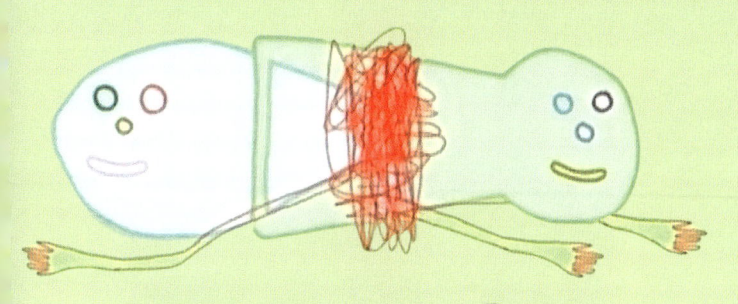

ODEIO QUANDO FALO QUE CHEGO DAQUI A 5 MINUTOS E A PESSOA FICA ME LIGANDO DE MEIA EM MEIA HORA

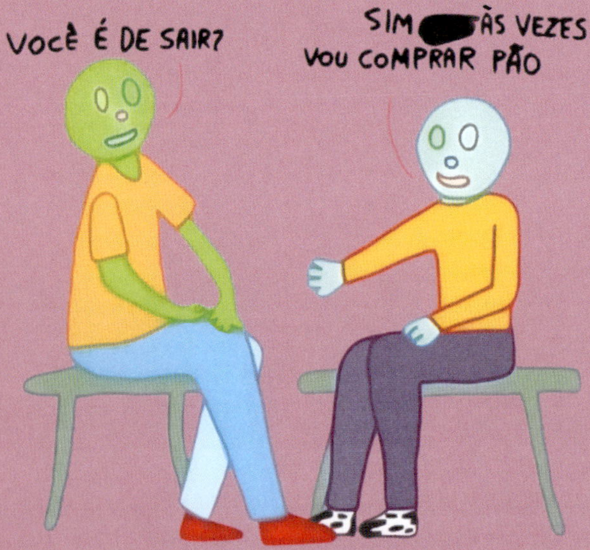

14:00: vamos sair hoje?

22:50: se tivesse avisado mais cedo▪

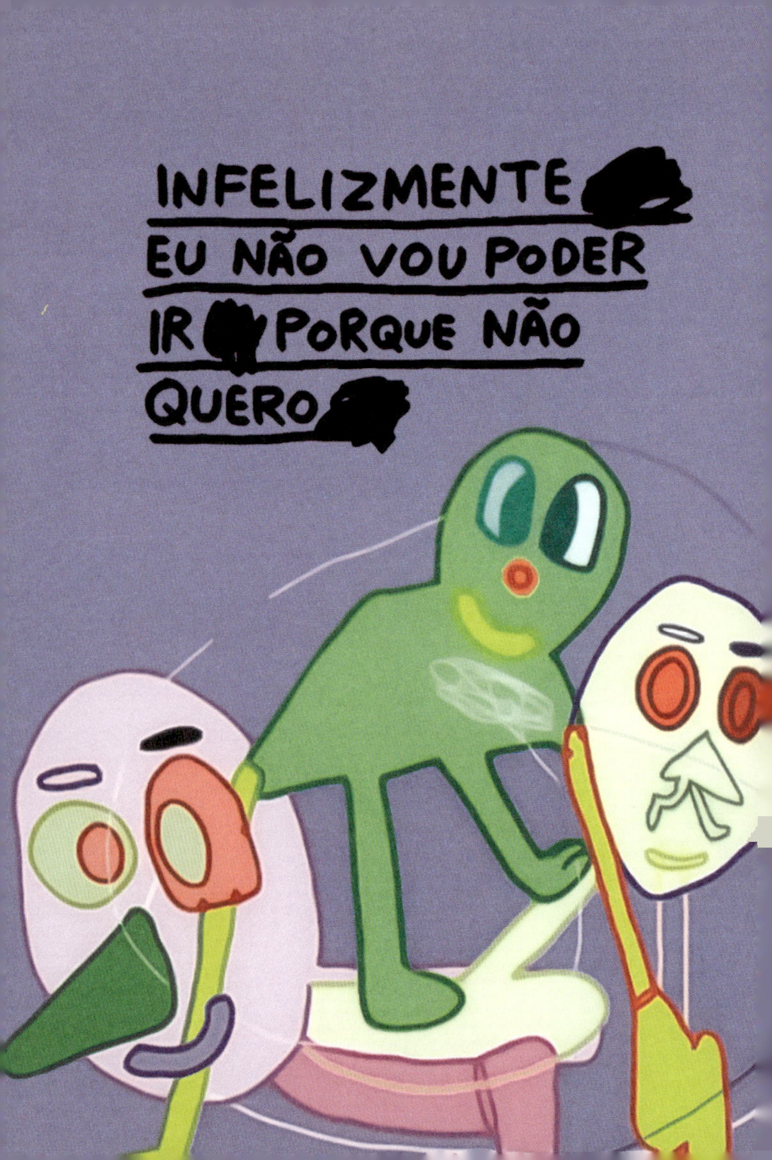
INFELIZMENTE
EU NÃO VOU PODER
IR PORQUE NÃO
QUERO

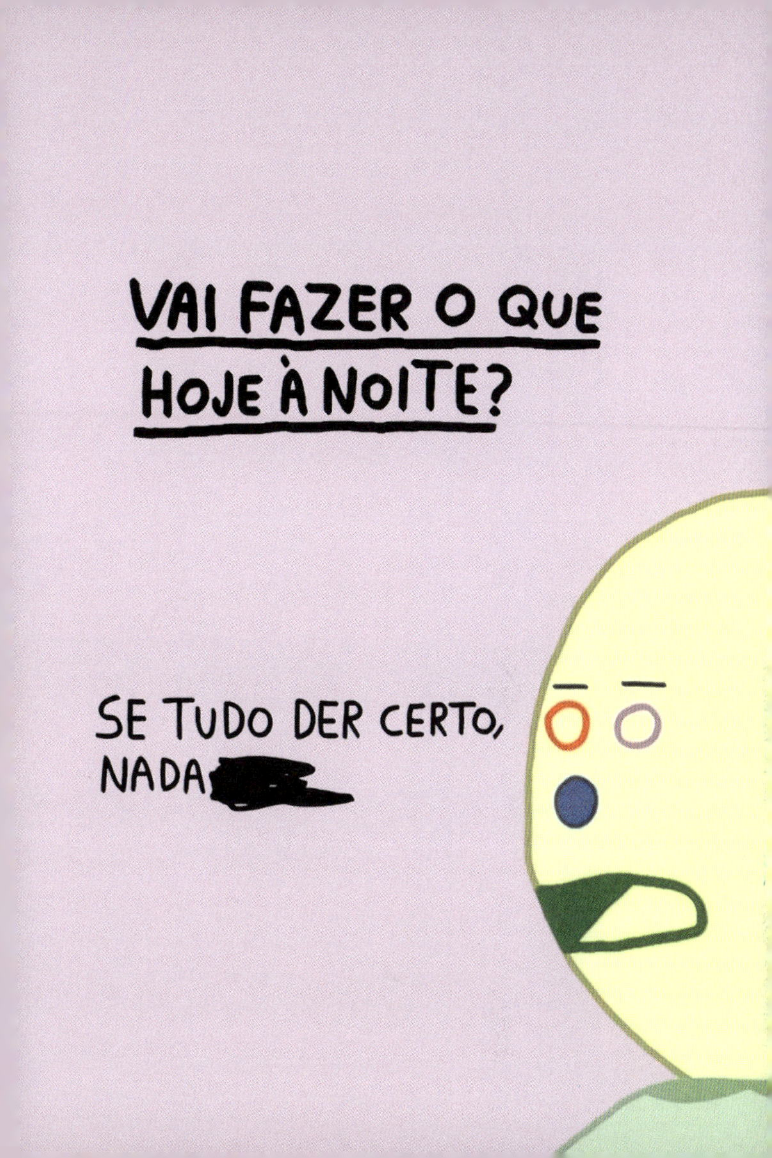
VAI FAZER O QUE
HOJE À NOITE?
SE TUDO DER CERTO,
NADA [redacted]

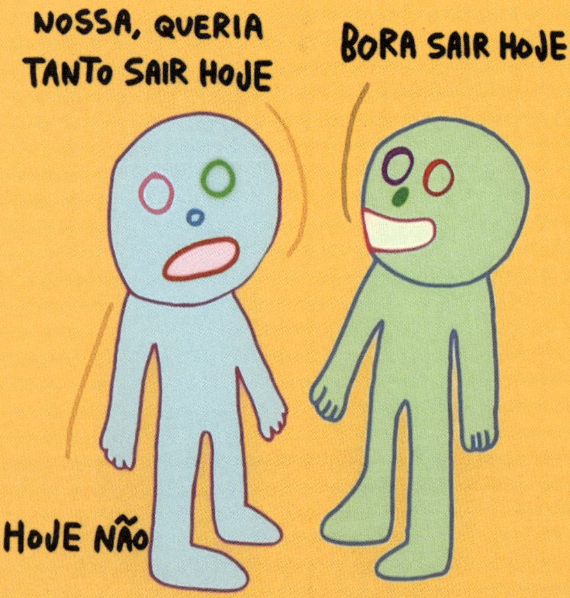
BORA SAIR HOJE
NOSSA, QUERIA TANTO SAIR HOJE
HOJE NÃO

ÚNICO LUGAR QUE EU TENHO SAÍDO ULTIMAMENTE, É DO SÉRIO.

AMIGA? EU VI

NÃO PODE VER UMA
VERGONHA [redacted] QUE
JÁ QUER PASSAR [redacted]

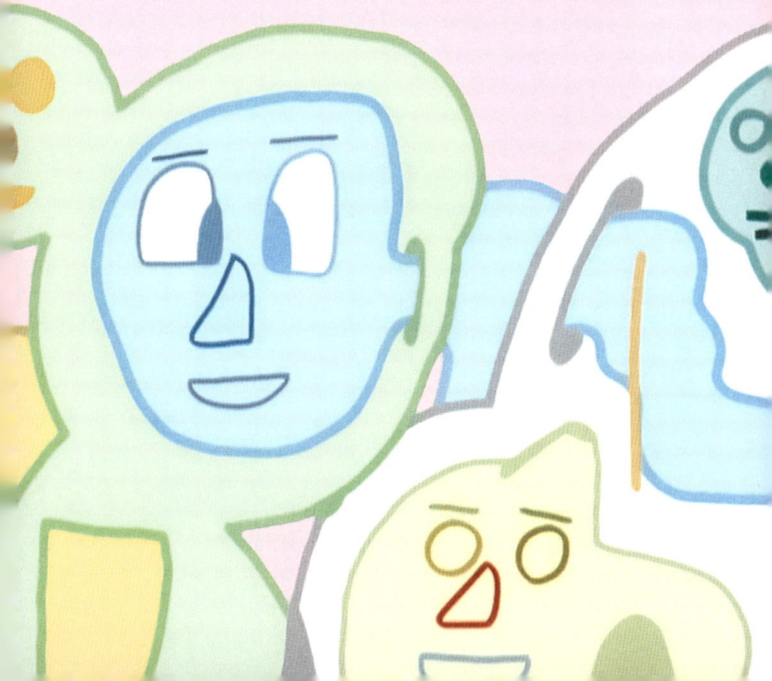

"VOCÊ JÁ QUEBROU ALGUMA PARTE DO SEU ▓▓▓ CORPO?" GERALMENTE EU QUEBRO A CARA

CHÁ DE VERGONHA
NA CARA

SÓ NÃO JOGO TUDO PRO ALTO PORQUE DEPOIS VOU TER QUE JUNTAR.

ACHARAM Q EU IA DESISTIR NO MEIO DO CAMINHO ~~████~~ QUEBRARAM A CARA KKKK DESISTI NO COMEÇO

AS PESSOAS ME JULGAM
PELO QUE EU FALO
IMAGINEM SE SOUBESSEM
O QUE EU PENSO

EU E MINHA AMIGA COMBINANDO DE IR FAZER TUDO ERRADO

"O QUE VOCÊ FAZ DA VIDA?"

FAÇO TUDO ERRADO

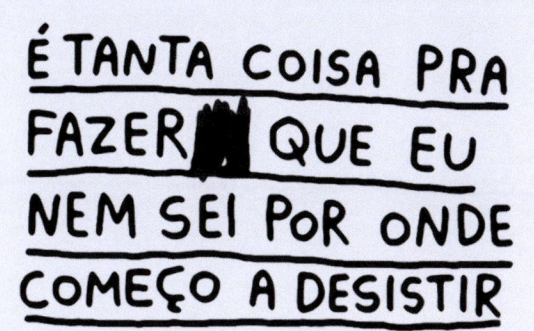

É TANTA COISA PRA FAZER QUE EU NEM SEI POR ONDE COMEÇO A DESISTIR

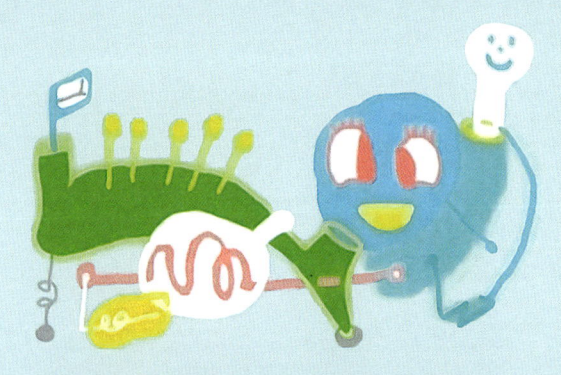

É CLARO QUE EU FALO COMIGO MESMO QUEM VOCÊ ACHA QUE ME AJUDA A TOMA DECISÃO ERRADA

QUE DECISÃO HORRÍVEL
QUE TOMEI [redacted]

(TODAS)

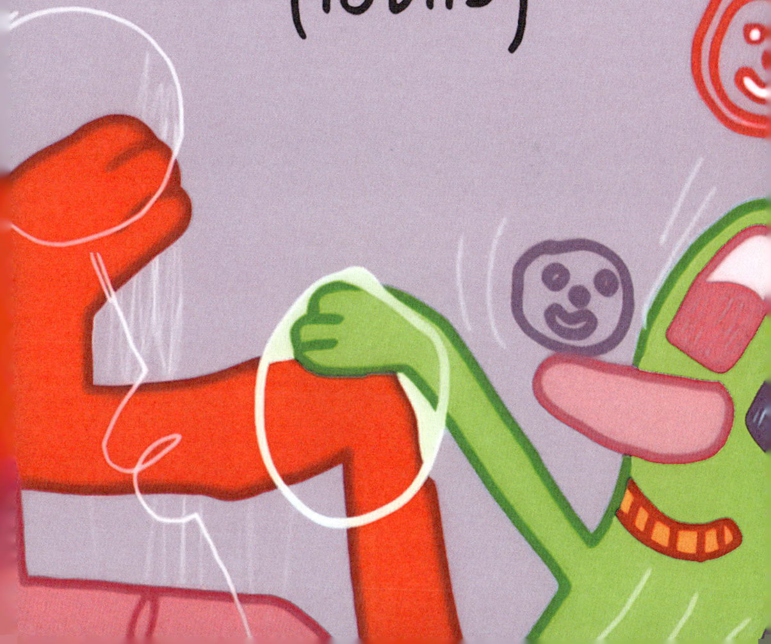

SE LEMBRA DE TUDO — TEM PÉSSIMA MEMÓRIA

ÀS VEZES VOCÊ
PRECISA PERDOAR
E ESQUECER [redacted]
PERDOAR A PESSOA
E ESQUECER QUE
ELA EXISTE [redacted]

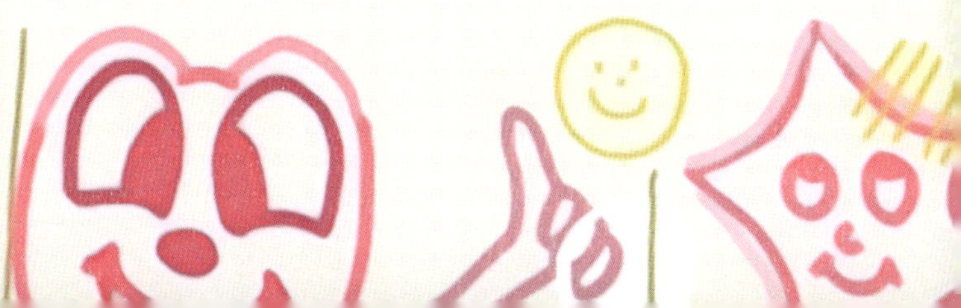

A PARTIR DE HOJE [redacted]
PRA ME FAZER PASSAR
RAIVA, TEM QUE FAZER
AGENDAMENTO QUERO
ORGANIZAÇÃO

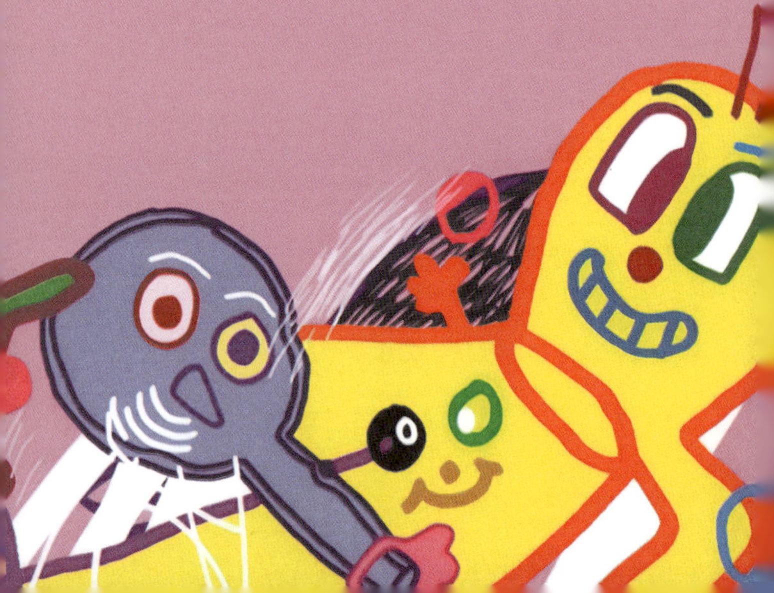

E HOUVE BOATOS QUE
EU ESTAVA NA PIOR [redacted]
PODE CONFIRMAR OS [redacted]
BOATOS [redacted]

EU [redacted] TENTANDO
DESTRUIR UM [redacted]
SENTIMENTO QUE [redacted]
EU MESMO CRIEI [redacted]

VOCÊ É NERVOSA?

☐ SIM

☒ NÃO

NÃO PODE NEM DAR UMA ~~PORRA~~ SURTADINHA DE LEVE QUE JÁ CHAMAM A GENTE DE LOUCA.

PELO BEM DA SUA ~~█~~ SAÚDE MENTAL, SE FAÇA DE DOIDA DE VEZ EM QUANDO ~~██~~

"VOCÊ TEM QUE ~~COMEÇAR~~ O DIA COM UM SORRISO E ~~PENSAMENTOS POSITIVOS~~"

EU:

HOJE O DIA TÁ ███ PRODUTIVO, JÁ CRIEI VÁRIAS PARANOIAS ███

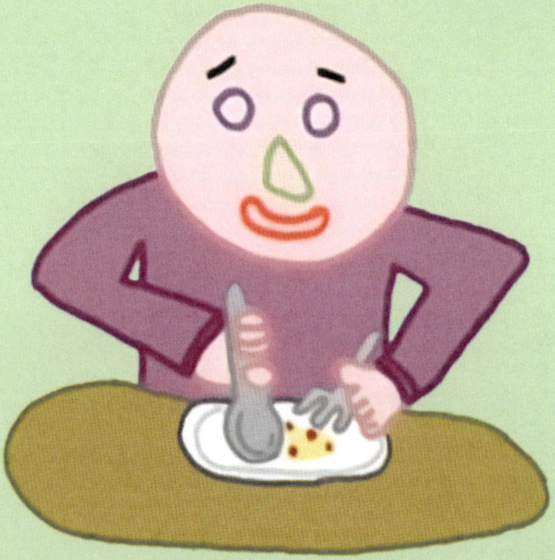

10:00 VOU GUARDAR O RESTO PRA COMER DEPOIS

10:04 HORA DE COMER O RESTO QUE GUARDEI

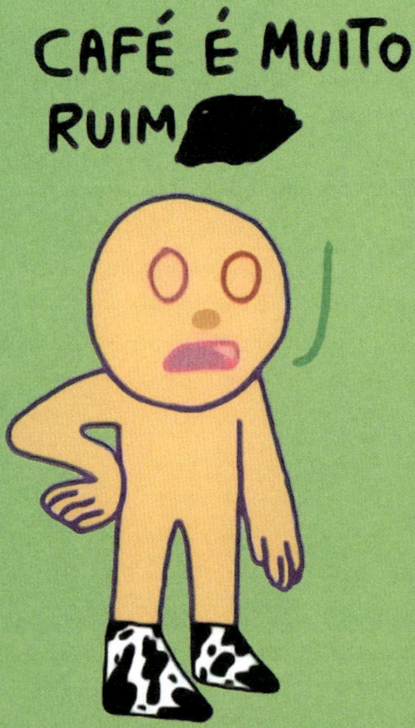

ENTÃO NÃO TOMA

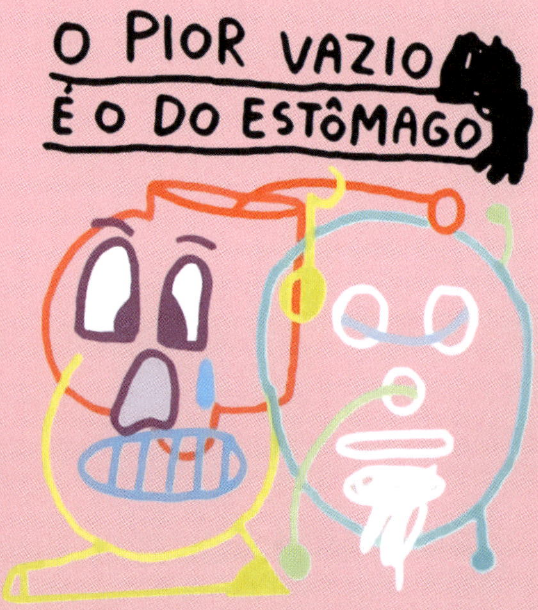
O PIOR VAZIO
É O DO ESTÔMAGO

Hoje acordei me sentindo a ~~porra da~~ última bolacha do pacote...

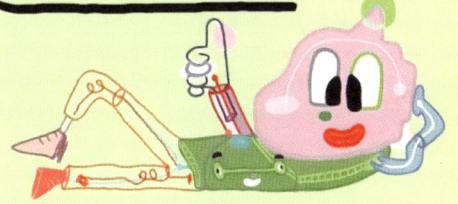

TODA QUEBRADA!

ÀS VEZES, TUDO O QUE NÓS MAIS PRECISAMOS É DE ALGUÉM QUE OLHE NOS NOSSOS OLHOS E DIGA: FIZ BRIGADEIRO!

VAMO VER FILME DE TERROR

VAMO NADA VAMO VER DESENHO

EU SOU TÃO GENTE BOA QUE VOU ATÉ FAZER UM CARINHO NA MINHA PROPRIA CABEÇA, POIS EU MEREÇO.

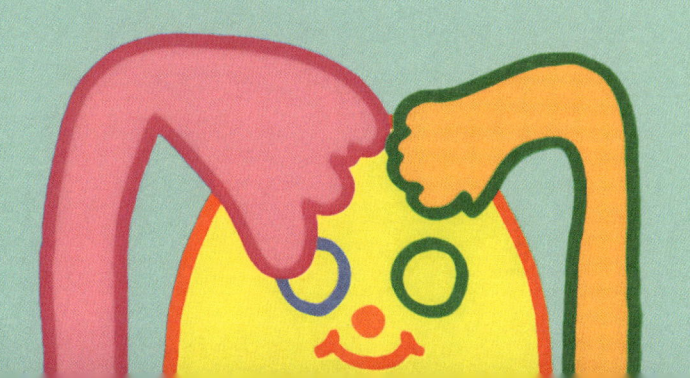

CONVERSO SOZINHO PORQUE EU GOSTO DOS MESMOS ASSUNTOS QUE EU

É PRECISO
DESCOISAR AS
COISAS QUE
ESTÃO COISADAS

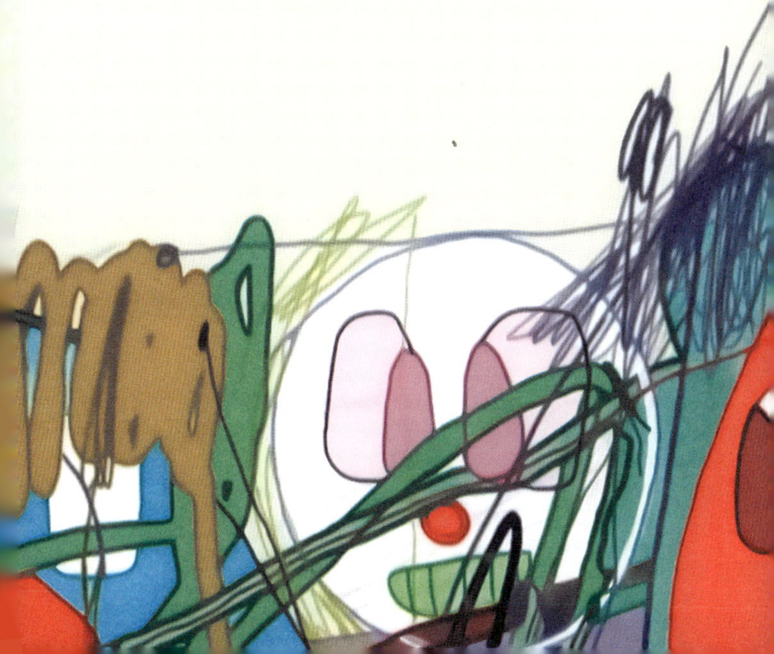

A GENTE NASCE [redacted]
CRESCE [redacted] FAZ AMIGOS,
MARCA DE SE VER MAS
NUNCA DÁ CERTO [redacted] MORRE

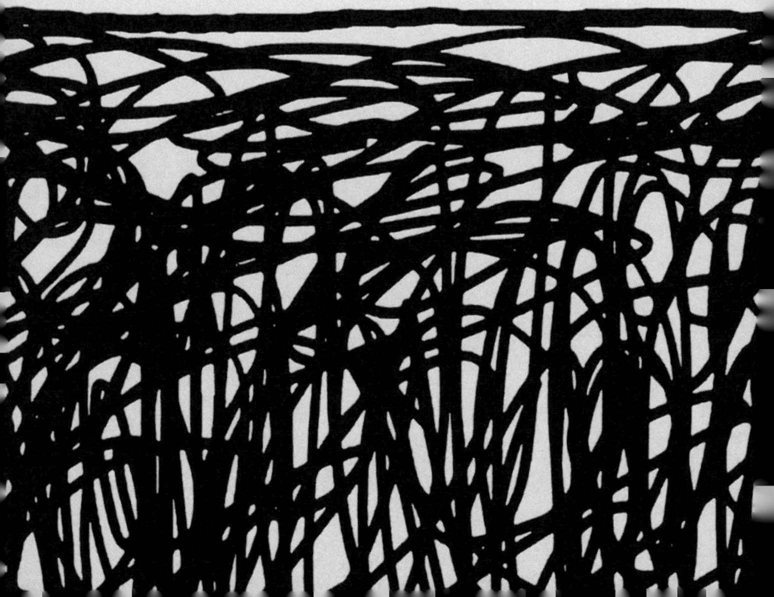

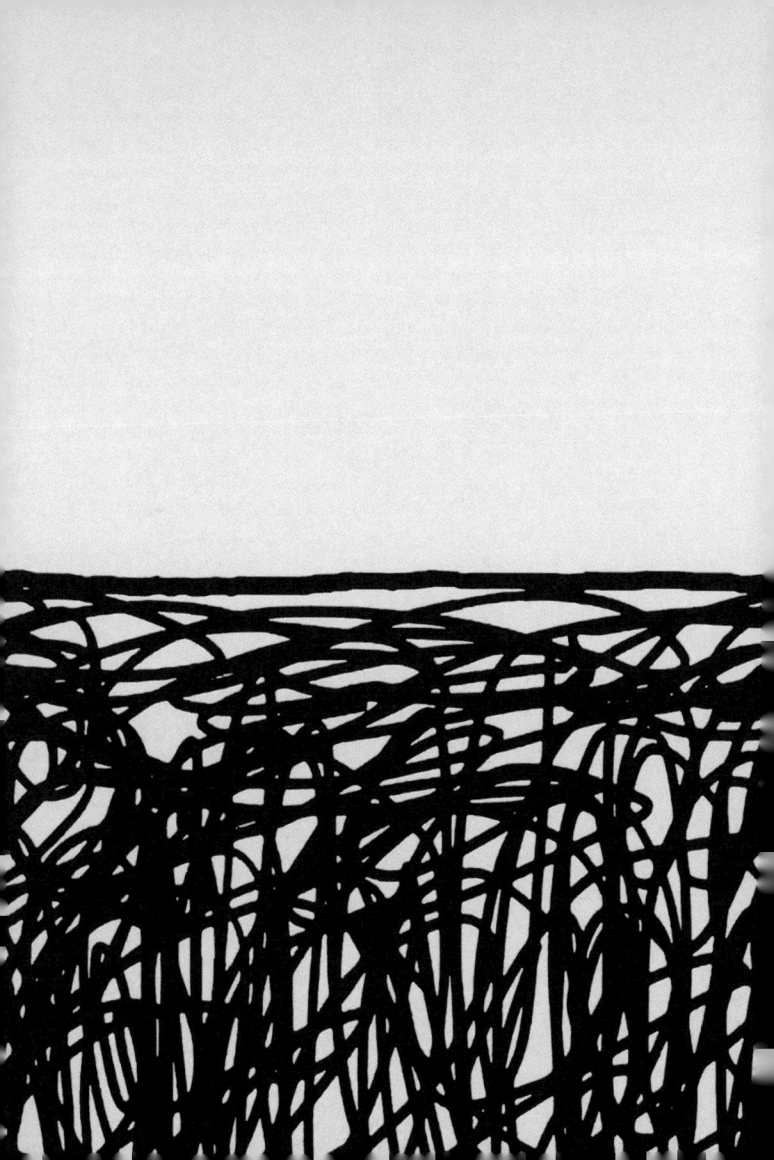

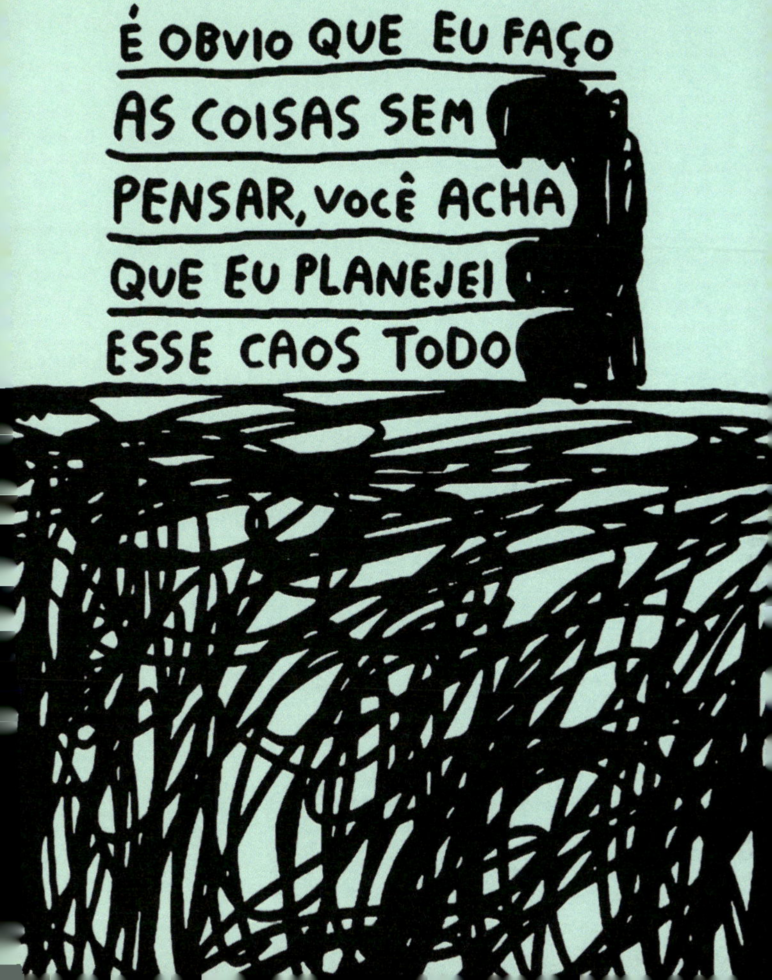
É OBVIO QUE EU FAÇO AS COISAS SEM PENSAR, VOCÊ ACHA QUE EU PLANEJEI ESSE CAOS TODO

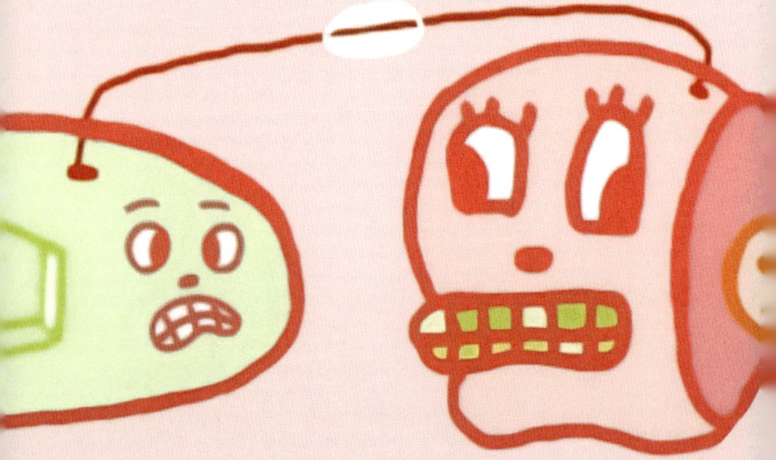

SOU TÃO ANSIOSO
QUE A PESSOA NEM
ME DECEPCIONOU AINDA
E EU JÁ ESTOU TENTANDO
SUPERAR

VOCÊ TÁ DIFERENTE

É QUE AGORA
NÃO GOSTO DE VOCÊ

AINDA BEM QUE É
UM DIA DE CADA VEZ
DOIS EU NÃO AGUENTAVA

SEMANA QUE VEM FOI BEM ~~[scribble]~~ CANSATIVA

ALCANCEI O EQUILÍBRIO
ENTRE CORPO E MENTE
AMBOS EXAUSTOS

OS PRIMEIROS CINCO DIAS DA SEMANA SÃO SEMPRE OS MAIS COMPLICADOS.

QUEM TÁ SEMPRE NO BURACO NÃO TEM DIA RUIM[redacted]

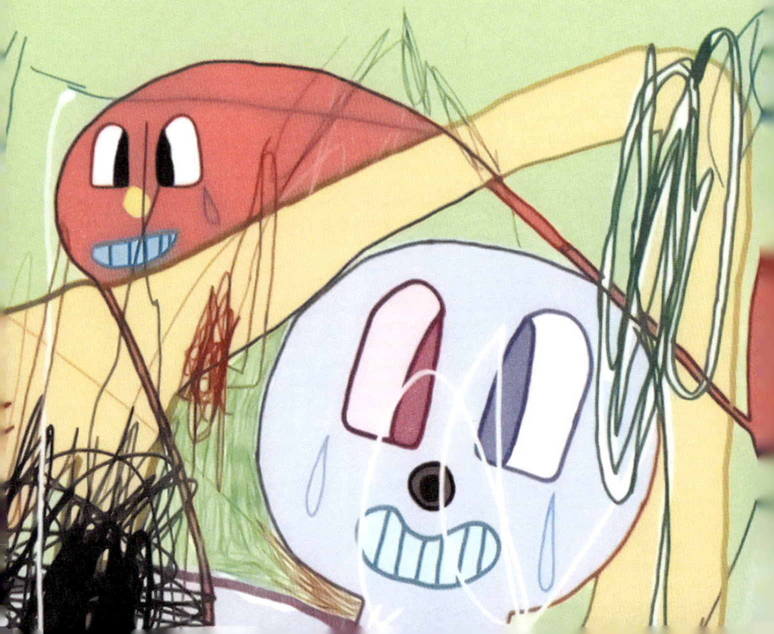

DEPOIS DA
TEMPESTADE
VEM A GRIPE

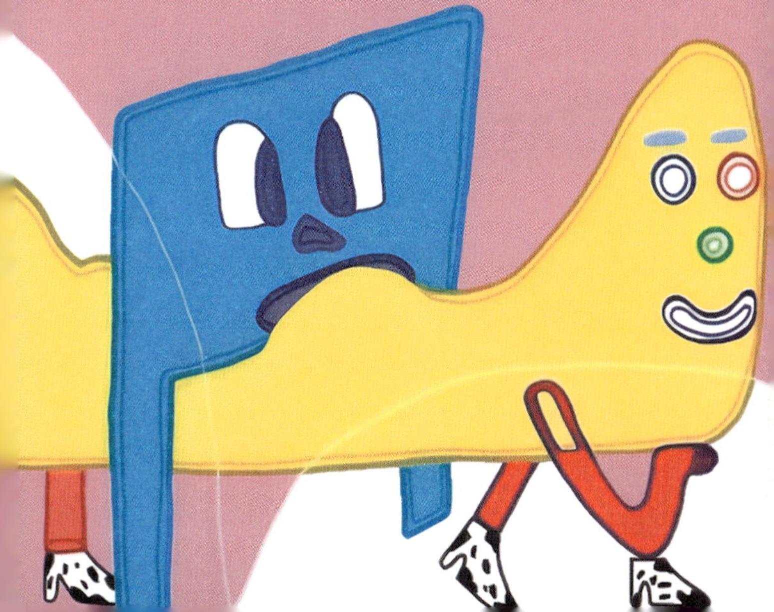

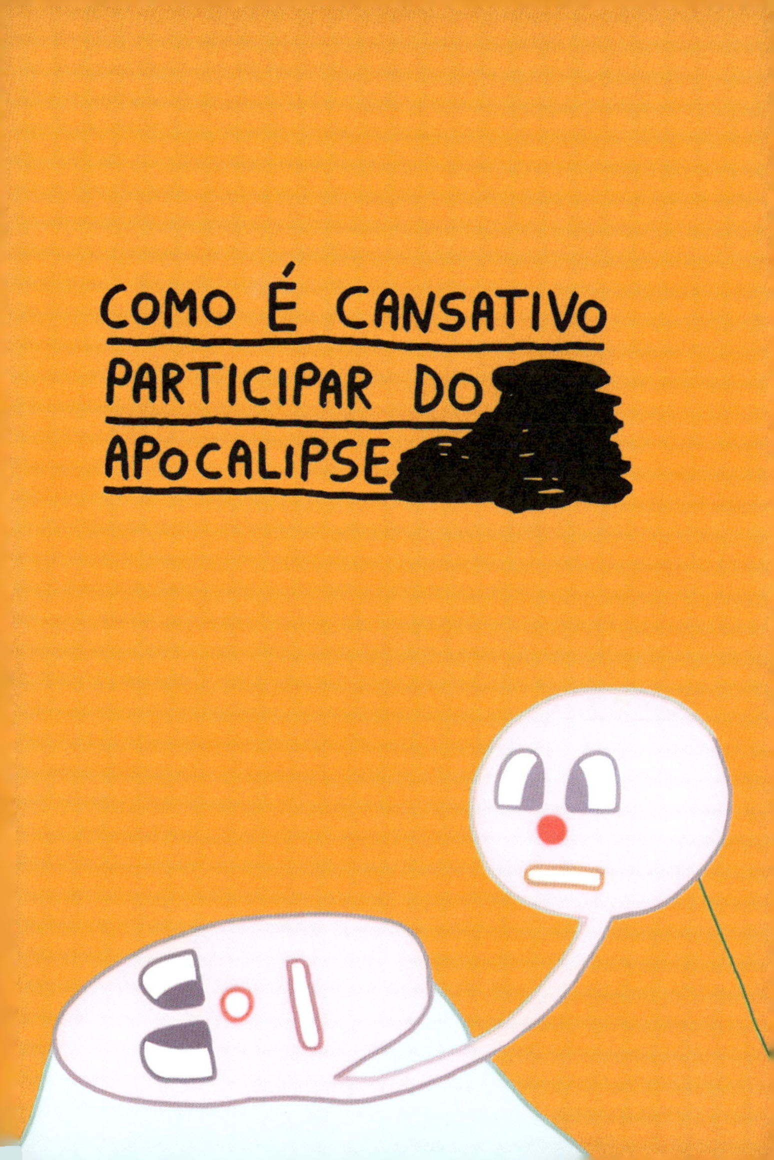
COMO É CANSATIVO
PARTICIPAR DO [redacted]
APOCALIPSE

TÔ RINDO MAS
TÔ PREOCUPADA.

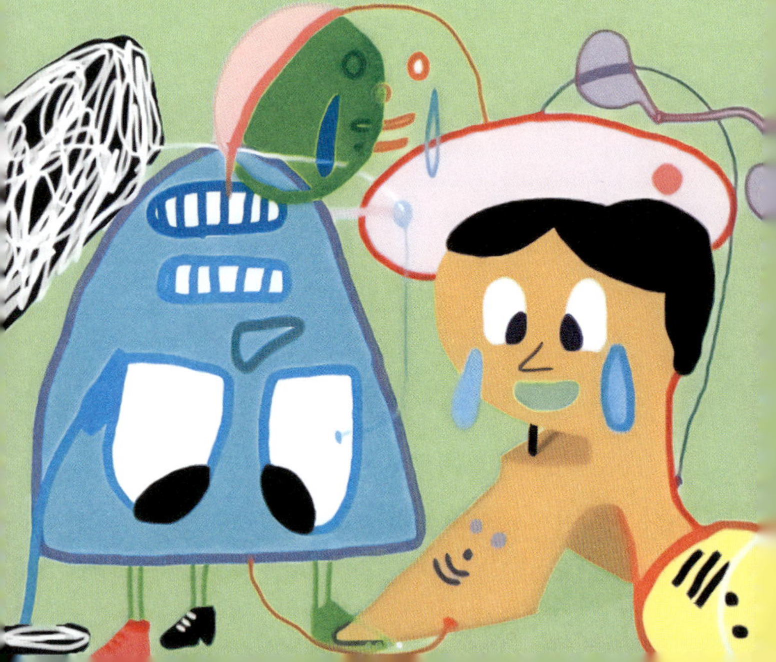

SAUDADES DE TER
CRISES DE RISO E
NÃO DE ANSIEDADE

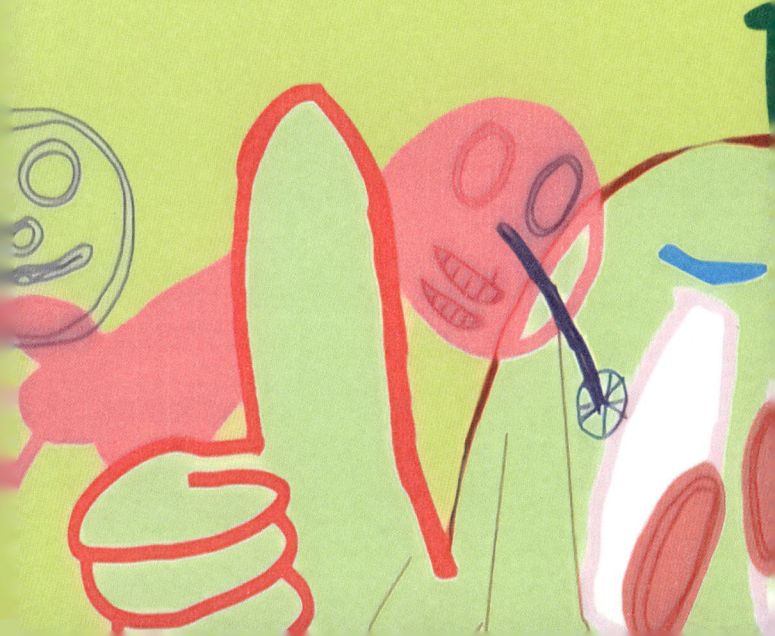

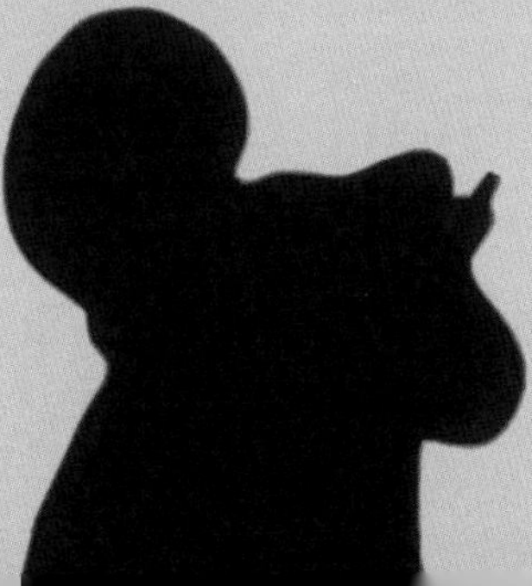

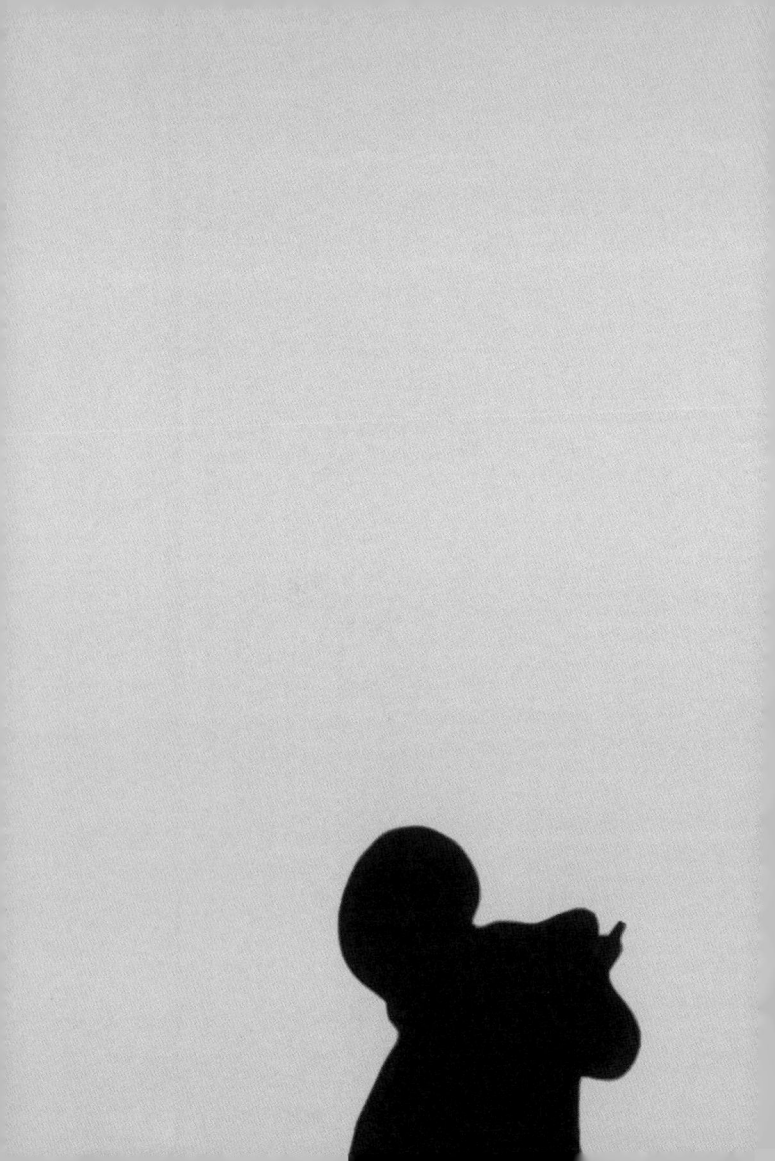

EU EXPLICANDO
PRA MINHA [redacted]
INSEGURANÇA QUE
TUDO VAI DAR CERTO:

VOCÊ É INDECISA?

- ☒ S~~I~~M
- ☒ N~~Ã~~O   não

não
sou!

NÃO GOSTO DE BAGUNÇA

ODEIO ARRUMAR

TOMARA QUE HOJE
NINGUÉM ME IRRITE

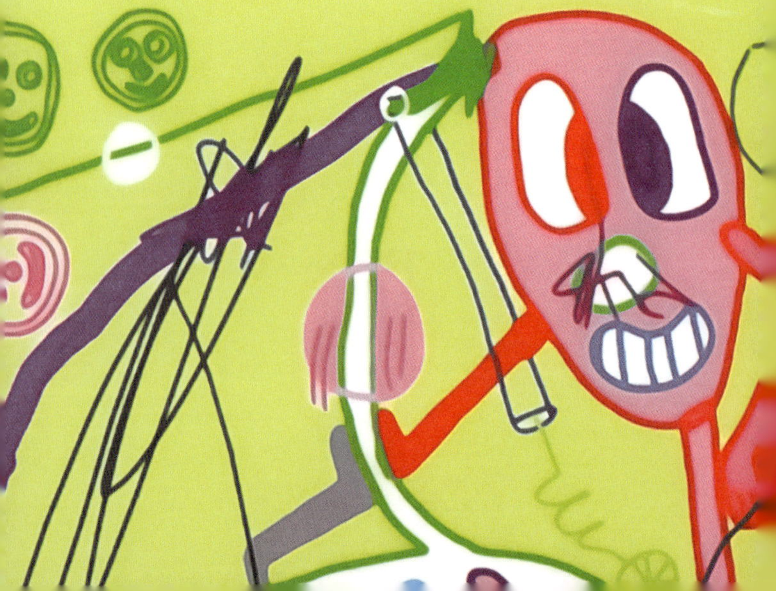

OBRIGADO A TODOS
PELOS CONSELHOS [redacted]
VOU FAZER O QUE
EU QUERO

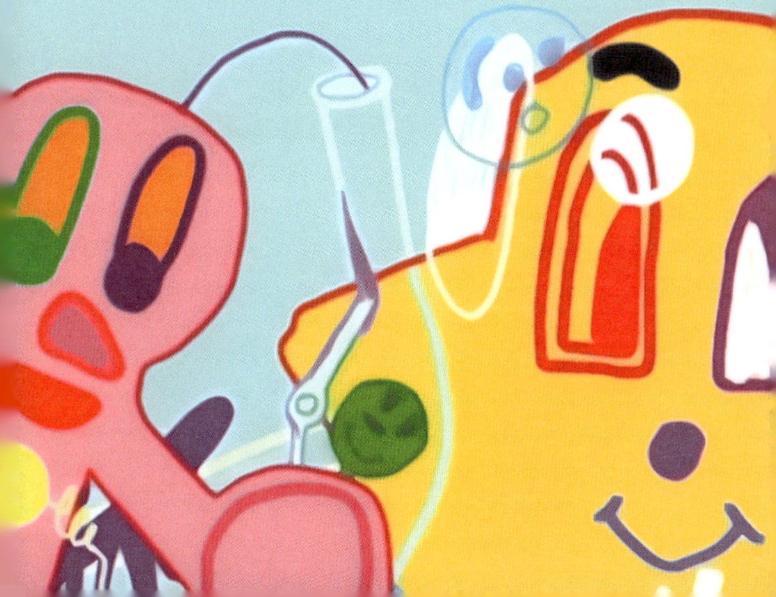

ÀS VEZES EU PENSO
"UÉ"
AÍ DEPOIS EU REFLITO
UM POUCO E PENSO
"ATA"

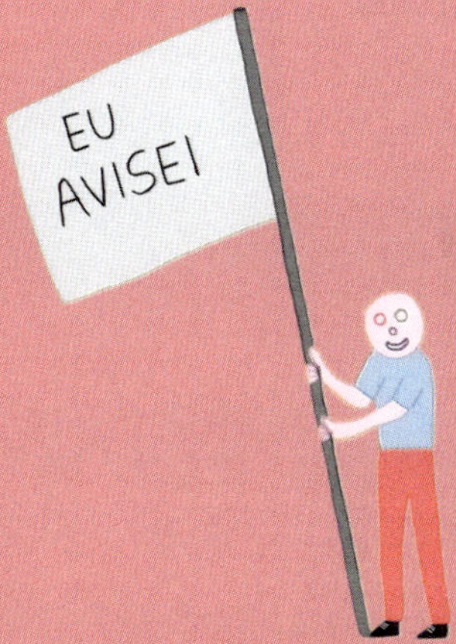
EU
AVISEI

Respeite muito suas lágrimas, mas ainda mais sua risada

Luisa Duarte
Curadora e crítica de arte.

Não deixe pra amanhã o que você pode deixar pra lá. / Semana que vem foi bem cansativa. / Os primeiros cinco dias da semana são sempre os mais complicados. / Vai fazer o que hoje à noite? Se tudo der certo, nada. / Acordo cedo pra me atrasar com calma. / Sofro de ansiedade pré-nada, não vai acontecer nada mas eu já tô ansioso. / Só não jogo tudo pro alto porque depois vou ter que juntar. / Se a vida te derrubar, aproveite e durma. / É tanta coisa para fazer, que eu nem sei por onde começar a desistir. / Hoje o dia tá produtivo, já criei várias paranoias. / Único lugar que eu tenho saído ultimamente é do sério.

As frases acima, sempre acompanhadas de desenhos que, evocando o sentido das palavras, apresentam traços que traduzem um modo de estar no mundo amigo das imperfeições, são de Pedro Vinicio, nascido em Garanhuns, Pernambuco, em 2005. Sim, 2005! Um adolescente está por trás dessa obra que ganhou as telas dos celulares do Brasil a partir de 2021. A tenra idade chama atenção porque as suas postagens, feitas cotidianamente no Instagram, são endereçadas a um mal-estar típico da vida adulta do século XXI. E que mal-estar é esse?

É aquele provocado por uma sociedade na qual se faz o elogio incessante do desempenho e da agilidade. Aquela que diz que todos nós podemos *chegar lá*, desde que nos esforcemos, nos mantenhamos motivados, sejamos positivos. Aquela que nos pede que debelemos a dor em favor de seguirmos sempre em frente. Pedro, com sua escuta e sensibilidade únicas,[1] revela a arapuca existente na busca incessante pelo gozo, no imperativo da felicidade, na vergonha da depressão, tudo

---

1 Em diversas entrevistas, Pedro Vinicio conta que grande parte da inspiração para as frases que comparecem em seu trabalho vem da escuta de conversas de sua irmã mais velha, Marília Araújo, assim como daquilo que ouve e lê em grupos de WhatsApp e no próprio Instagram.

em favor de uma imagem de sucesso e produtividade que simplesmente nos fez ignorantes de nós mesmos e indiferentes ao outro.

Uma das razões que explicam a imensa identificação provocada pelo trabalho de Pedro é justamente o fato de que suas postagens, no lugar de nos isolar, nos aproximam. Se as redes sociais são espaços privilegiados de produção de personas idealizadas e narcísicas, aquele que fala por meio das palavras e dos traços do artista é alguém atravessado por imperfeição, cansaço, procrastinação, dispersão, ansiedade, preguiça, indecisão, bagunça, fobia social, gula. Tudo que experimentamos, mas que deveríamos esconder pois não está de acordo com os parâmetros de uma vida de sucesso segundo a égide neoliberal. Ao realizar essa quebra de expectativas, Pedro não só nos ensina a não nos levarmos tão a sério, como descortina, a um só tempo, a chance de alianças baseadas nas vulnerabilidades. No limite, entre rabiscos e risos, nos fala sobre outros modos de existência, menos solitários e mais solidários.

Cabe, ainda, lembrar a singularidade do momento no qual seu trabalho surge para o país. Com o começo da pandemia de covid-19, Pedro passa a desenhar digitalmente e encontra como destino os celulares, em meio a um período marcadamente triste e tenso para o mundo e mais ainda para o Brasil. É nesse contexto sombrio, tomado por morte, negacionismo, caos cognitivo, isolamento, aumento de horas online, espraiamento do sofrimento psíquico, que o trabalho do jovem artista ganha as telas em forma de pequenas cápsulas capazes de amortecer momentaneamente a tensão generalizada.

Escrevo este breve texto no fim de 2022. Hoje, passado o período agudo da pandemia, com o país vivendo um outro momento político, a obra do artista permanece viva e reverberando. O que se deve ao fato de termos nela uma transfiguração fina das formas de sofrimento típicas dos indivíduos forjados sob o domínio neoliberal na era da vida algoritmizada. Esse sofrimento não cessa, mas o que Pedro Vinicio recorda em cada uma das suas postagens é que nos cabe dar a essa dor o destino escrito pelo poeta, aquele que diz que devemos respeitar muito nossas lágrimas, mas ainda mais nossa risada.[2]

---

[2] Cito aqui os versos que abrem a letra da canção "Vaca profana", de Caetano Veloso – "Respeito muito minhas lágrimas, mas ainda mais minha risada". Pedro Vinicio é um admirador confesso de Caetano Veloso, assim como de Tom Jobim e Ramones. Gosta de ler Carlos Drummond de Andrade, Manuel Bandeira e Manoel de Barros. E tem um gosto especial por arte contemporânea. Em diferentes entrevistas, afirma sua admiração pela obra de Adriana Varejão, Cildo Meireles e especialmente a de Tunga. Foi através do seu gosto pelo trabalho desses artistas que nos aproximamos, não por acaso, trocando mensagens privadas no Instagram no período da pandemia de covid-19. Prova de que os celulares isolam, mas também aproximam.

© **Editora de Livros Cobogó, 2023**

Editora-chefe
Isabel Diegues

Editora
Julia Barbosa

Gerente de produção
Melina Bial

Assistente de produção
Carina Faleiro

Revisão final
Eduardo Carneiro

Projeto gráfico
Bloco Gráfico

Assistente de design
Guilherme Dorneles

Tratamento de imagens
Carlos Mesquita | influxus

Nenhuma parte desta obra pode ser reproduzida, adaptada, encenada, registrada em imagem e/ou som, ou transmitida de nenhuma forma ou por nenhum meio sem a permissão expressa e por escrito da Editora Cobogó. A opinião dos autores do livro não reflete necessariamente a opinião da editora Cobogó.

CIP-BRASIL. CATALOGAÇÃO NA PUBLICAÇÃO
SINDICATO NACIONAL DOS EDITORES DE LIVROS, RJ

V79v

Vinicio, Pedro, 2005 –
Pedro Vinicio: tirando tudo tá tudo bem / Pedro Vinicio;
[texto no fim do livro]
Luisa Duarte. – 1ª ed. – Rio de Janeiro: Cobogó, 2023.
128 p.: il.; 15 cm.

"Título no fim do livro: Respeite muito suas lágrimas,
mas ainda mais sua risada"

ISBN 978-65-5691-099-4

1. Caricaturas e desenhos humorísticos. I. Duarte, Luisa. II. Título.

23-83199   CDD: 741.5   CDU: 741

Meri Gleice Rodrigues de Souza – Bibliotecária – CRB-7/6439
28/03/2023   30/03/2023

Todos os direitos reservados à
Editora de Livros Cobogó Ltda.
Rua Gen. Dionísio, 53, Humaitá
Rio de Janeiro, RJ, Brasil — 22271-050
www.cobogo.com.br

Este livro foi composto em Platform
e impresso em papel Offset 120g/m²
na gráfica Leograf para a Editora Cobogó.

1ª reimpressão, junho 2023.